Inhalt

Willkommen in der Pferdewelt! 4
Alles über Pferdefarben 6
Vollblutaraber – die Söhne des Windes 8
Fohlen – süße Pferdekinder 10
Was fressen Pferde? 12
Blitzblank sauber – auch ohne Hexerei 14
Shetlandponys – knuffige Zwerge mit Dickkopf 16
Wie heißt was beim Pferd? 18
Was will dein Pferd dir sagen? 20
10 goldene Pferderegeln 22
Das richtige Zubehör für Reiter und Pferd 24
Deutsches Warmblut – die Sportskanonen 26
Reiten an der Longe 28
Willkommen beim Abteilungsreiten! 30
Voltigieren – Turnen auf dem Pferderücken 32
Ausreiten? ... Aber sicher! 34
Auf zum Turnier! 36
Friesen – ein Traum in Schwarz 38
Berufe rund ums Pferd 40
Wilde Pferde – frei wie der Wind 42
Wahr oder falsch? Irrtümer über Pferde 44

Willkommen in

Es gibt viele Pferderassen. Damit der Überblick leichterfällt, teilt man sie in vier Kategorien ein.

Schwerer Körper, stämmige Beine – Kaltblüter sind fürs Arbeiten gemacht.

Kaltblüter – die Starken

Kaltblüter erkennst du sofort an ihrer **kräftigen Figur**: dicke Beine, eine breite, starke Brust und ein Rücken, der zwei Reiter tragen kann. Kein Wunder, schließlich waren die starken Kerle früher **Arbeitspferde**! Bevor es Maschinen gab, arbeiteten Kaltblüter auf dem Feld oder zogen schwer beladene Wagen. Dazu brauchten sie Kraft und **jede Menge Muskeln**. Seit Traktoren und Lkw diese Arbeit erledigen, sieht man die Kaltblüter kaum noch. Was schade ist, denn die „Dicken" sind echt **liebenswerte** und **freundliche Kumpel**. Bekannte Kaltblutrassen sind das **Shire Horse**, der **Schwarzwälder Fuchs**, der **Noriker** und der **Percheron**.

Bei Festumzügen begeistern die schönen Shire Horses das Publikum.

Die Bezeichnungen Kalt- und Warmblut haben übrigens nichts mit der Körpertemperatur der Tiere zu tun. Sie beziehen sich auf das Temperament: Ein Kaltblut ist ein gemütliches, ausgeglichenes Tier, das nichts aus der Ruhe bringt. Ein Vollblut dagegen ist ein echter Wirbelwind, also heißblütig und temperamentvoll. Warmblüter liegen in der Mitte.

Bei Profiturnieren kommt keiner an die Warmblüter ran.

Warmblüter – die Sportlichen

Warmblüter kennt jeder, denn die Reitställe sind voll von den **großen**, **sportlichen Pferden**. Fast alle gängigen Reitpferderassen zählen nämlich zu den Warmblütern. Diese Tiere werden für die **Dressur** und das **Springreiten** gezüchtet, eignen sich aber auch als **Freizeitpferde**. Typisch für sie sind der **schlanke**, **große Körper** und der **hübsche Kopf**. Zu den bekanntesten deutschen Warmblutrassen gehören **Holsteiner**, **Hannoveraner** und **Württemberger**.

In der Dressur sind Warmblüter nicht zu schlagen.

der Pferdewelt!

Vollblüter – die Temperamentvollen

Zu den Vollblütern zählen nur drei Rassen: **Araber, Anglo-Araber** und **Englisches Vollblut**. Zierlich und eher klein, ein **schlanker Kopf mit großen Augen** und ein **hoch aufgestellter Schweif** – Pferdefans erkennen das Arabische Vollblut, kurz Araber genannt, auf den ersten Blick. Für viele gelten sie als die **edelsten** und **elegantesten** Pferde. Seit 1 500 Jahren werden die temperamentvollen Tiere in Arabien gezüchtet und sind der ganze Stolz ihrer Besitzer. Denn die grazilen Tiere sind unglaublich **hart und ausdauernd**. Sie können sehr weite Strecken zurücklegen und kommen auch mit extremen Temperaturen zurecht. Die Englischen Vollblüter sind **die Könige der Rennbahn**. Sie wurden speziell für den **Galopprennsport** gezüchtet und sind so schnell, dass keine andere Rasse bei den Rennen mit ihnen mithalten kann.

Viele halten den Araber für das schönste aller Pferde.

Englische Vollblüter – keiner galoppiert schneller!

Klein, süß und frech – kein Wunder, dass Shettys die beliebtesten Ponys sind.

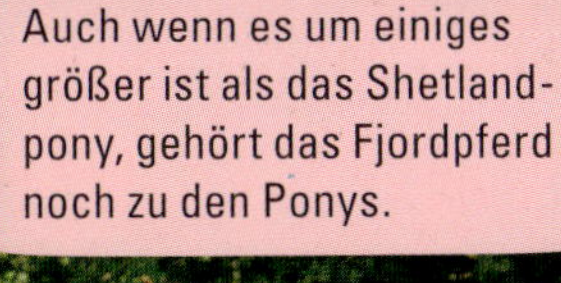

Auch wenn es um einiges größer ist als das Shetlandpony, gehört das Fjordpferd noch zu den Ponys.

Ponys – die süßen Kleinen

Zu den Ponys zählen alle Pferderassen, die **nicht größer als 148 Zentimeter Stockmaß** werden. Damit haben Ponys eine **gute Größe für Kinder und Jugendliche**. Es gibt aber auch Ponys, die so klein sind, dass man sie gar nicht reiten kann, zum Beispiel das **Mini-Shetty** und das **Falabella**. Diese Pferdezwerge werden nur so groß wie ein Bernhardinerhund und sind sooo knuffig! Die bekanntesten Ponys sind die **Shetlandponys** – die kleinen Frechdachse fehlen in keinem Stall. Weitere beliebte Ponyrassen sind das **Fjordpferd**, das **Deutsche Reitpony** und das **Welsh Pony**.

Alles über Fellfarben

Es gibt braune Pferde, schwarze, weiße, gefleckte ... und für jede Farbe gibt es einen Fachbegriff.

Ein **Brauner** hat braunes Fell. Schweif, Mähne und Beine sind schwarz.

Ein **Rappe** ist ein schwarzes Pferd.

Ein **Falbe** hat gelbliches oder graues Fell mit dunklen Beinen und dunklem Langhaar.

Isabellen/Palominos haben beigefarbenes Fell mit heller Mähne und hellem Schweif.

Ein **Schecke** hat große, unregelmäßige Flecken in Weiß und einer anderen Farbe.

Ein **Fuchs** ist ein rotbraunes Pferd mit gleichfarbigem oder hellerem Mähnen- und Schweifhaar.

Ein **Tigerschecke** ist ein weißes Pferd mit dunklen Tupfen und Flecken.

Ein **Schimmel** ist ein weißes Pferd.

Pferdefarben

Abzeichen

Auch die weißen Stellen an Kopf und Beinen haben ganz spezielle Namen. Es gibt so viele verschiedene Abzeichen, dass kein Pferd dem anderen gleicht. Diese Abzeichen kommen am häufigsten vor:

Die Schnippe ist ein weißer Fleck zwischen den Nüstern des Pferdes. Dort, wo das Fell fehlt, schimmert die Haut rosa.

Stern nennt man einen weißen Fleck auf der Stirn, der nicht bis auf den Nasenrücken reicht.

Die Blesse beginnt mit einem weißen Fleck auf der Stirn, der in einen schmalen Streifen übergeht und sich über den gesamten Nasenrücken zieht.

Als Laterne wird eine breite Blesse bezeichnet, die fast über die gesamte Stirn und den Nasenrücken reicht und auch die Nüstern und das Maul einbezieht.

Schimmel wie Sabrina werden mit dunklem Fell geboren und im Laufe der Jahre immer heller. Erst mit fünf bis sieben Jahren sind die meisten Schimmel ganz weiß.

Hochweißer Fuß

Weißer Fuß

Weiße Fessel

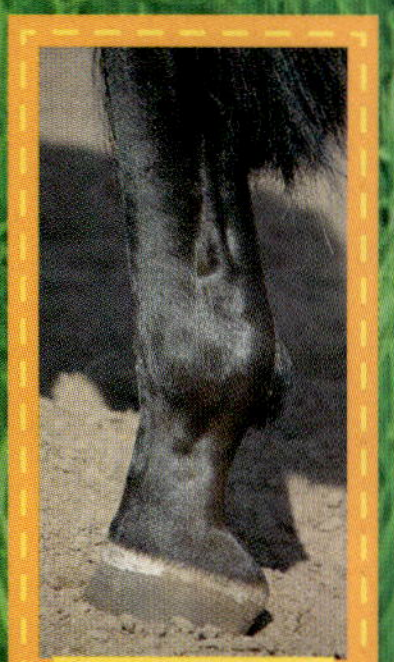

Weiße Krone

Vollblutaraber –

Sie sind die älteste Pferderasse der Welt, zierlich, klug, ausdauernd und dabei auch noch umwerfend schön.

Steckbrief

Heimat:
Arabische Halbinsel, Nordafrika

Stockmaß:
145 bis 155 Zentimeter

Farben:
viele Schimmel, aber auch Füchse, Braune und Rappen

Eignung:
als Freizeitpferd und im Distanzsport

Besonderheit:
Vollblutpferd, Brandzeichen: ox

die Söhne des Windes

Mit hoch nach **oben gestelltem Schweif**, stolz getragenem Kopf und weit geblähten Nüstern tanzt ein Pferd über die Koppel. Das kann nur ein Vollblutaraber sein!

Wer einmal einen Araber in Aktion gesehen hat, vergisst den Anblick so schnell nicht. Die edlen Pferde aus der Wüste sind einfach einmalig: **Schlank** und dabei doch robust und **ausdauernd**, **klug** und sehr **temperamentvoll**, **feurig** und **wunderschön** – diese Mischung gibt es kein zweites Mal. So überrascht es nicht, dass Vollblutaraber zu den beliebtesten Pferden gehören!

In ihrer Heimat, der arabischen Wüste, züchten Beduinen diese Rasse schon seit über 1 500 Jahren. Sie hingen so sehr an ihren Tieren, dass die Stuten nachts mit in den Zelten schliefen. Das machte die Araber zu besonders **anhänglichen** und **menschenfreundlichen Pferden**. Das Leben in der Wüste ließ sie ausdauernd und unempfindlich werden. Denn in einer Landschaft, die von glühender Hitze und wenig Wasser bestimmt wird, darf man nicht empfindlich sein.

Den Wüstenpferden machen große Temperaturunterschiede nichts aus.

Araber brauchen viel Bewegung und fühlen sich draußen in der Herde am wohlsten.

Den Kopf tragen die stolzen Tiere weit oben.

Der zierliche Kopf mit den großen Augen ist das Markenzeichen der Araber.

Nass und müde liegt ein **neugeborenes Fohlen** im Heu und lässt sich von seiner Mama trocken lecken.

Fohlen –

Im Frühjahr ist es so weit: Die Fohlen werden geboren! Doch die Pferdekinder sind nicht nur süß – sie haben auch eine ganze Menge drauf.

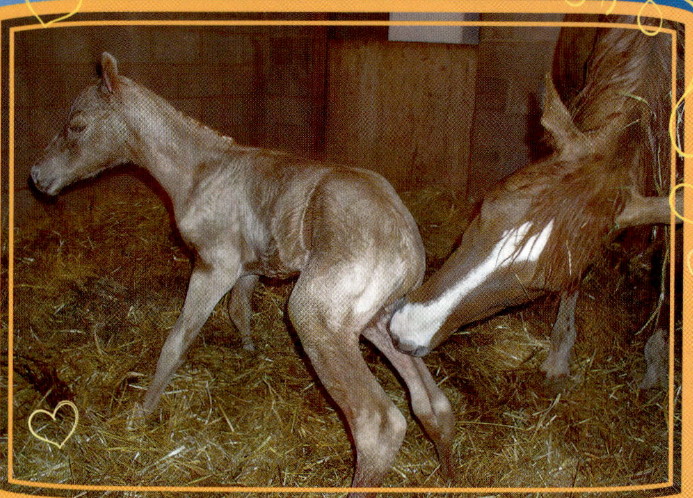

Schon kurz nach der Geburt **versuchen** die Kleinen **aufzustehen**. Gar nicht so einfach, die langen Beine richtig zu sortieren!

Wackelig, aber entschlossen steht das erst wenige Stunden alte Fohlen auf seinen kleinen Hufen und sucht Mamas Bauch ab. Denn hier wartet die **leckere Stutenmilch**! Diese erste Milch, auch Kolostralmilch genannt, hat besonders **viele Nährstoffe**, und das lässt die Fohlen schnell groß und stark werden.

Und zwischendurch ein **Schläfchen**, um Kraft zu tanken …

Unglaublich: Schon am nächsten Tag **trabt das Kleine** neben seiner Mama her! In der Natur ist das überlebenswichtig, denn die Fohlen müssen mit ihrer Herde weiterziehen können.

süße Pferdekinder

Beim Spielen mit anderen Fohlen werden Muskeln und Geschicklichkeit trainiert.

Fohlen entwickeln sich sehr schnell und beginnen mit etwa drei Wochen, die ersten Grashalme zu knabbern.

Die meisten Fohlen werden im Alter von einem halben Jahr von ihrer Mutter getrennt. Erst mit drei bis vier Jahren sind Pferde so weit, dass man langsam anfangen kann, auf ihnen zu reiten.

Was fressen Pferde?

Pferde mögen Heu und Gras, das weißt du bestimmt. Doch ist das alles? Das wäre ja ein ziemlich langweiliger Speiseplan ...

Saftiges Gras ist der Grundstein einer gesunden Ernährung.

Pferde sind **reine Pflanzenfresser**. In freier Wildbahn ernähren sie sich hauptsächlich von **Gras** und **Kräutern**. Aber auch zu Laub, Blumen, Wurzeln, Sträuchern, Obst, Beeren und Samen sagen sie nicht Nein. Wie die meisten großen Pflanzenfresser sind Pferde in Freiheit **fast den ganzen Tag** mit Futtern beschäftigt: über zwölf Stunden täglich! So ein starkes Tier braucht **viel Energie**.

In der Box sollte den Tieren immer sauberes Heu zur Verfügung stehen.

Pferde sollten auch im Stall stets **frisches Heu und Stroh** bekommen. Ihr kleiner Magen und ihre Verdauung sind nämlich so gemacht, dass sie **ständig Nachschub** brauchen. Erhalten die Tiere nur zweimal am Tag Kraftfutter, gerät ihr Verdauungssystem durcheinander. Außerdem beschäftigt das Kauen die Tiere und entspannt sie. Werden sie zu selten gefüttert, sind Koliken, also Bauchkrämpfe, und Stress die Folge. Viele Pferde knabbern dann am Holz der Boxen herum oder verschlucken Luft.

Ein leckerer Apfel schmeckt jedem Pferd!

Pferde, die **viel arbeiten**, bekommen im Stall **zusätzlich Hafer, Gerste oder Mais** oder auch **Kraftfuttermischungen** aus Getreide. Gesunde Leckereien, die du wunderbar als Belohnung füttern kannst, sind **Karotten**, **Rüben** und **Äpfel**. Auch Bananen mögen viele Vierbeiner.

Pferdeleckerli *selbst gemacht!*

Wenn du dein Pferd mal mit etwas Besonderem verwöhnen möchtest, kannst du ihm diese Leckerli backen.

Du brauchst:

- 1 Päckchen Haferflocken (500 g)
- etwas Wasser
- 2 geriebene Äpfel
- 2–3 geriebene Möhren
- etwas Honig
- 3 Esslöffel Zuckerrübensirup

So geht's:

Die Haferflocken mit Wasser verrühren, sodass ein zäher Brei entsteht. Die geriebenen Äpfel und Möhren hinzufügen, anschließend den Honig und den Zuckerrübensirup untermischen. Aus der Masse Bällchen formen und auf ein Backblech setzen. Bei 180–200 Grad ungefähr 20–30 Minuten backen, bis sie braun und fest sind.

Einen großen Bogen solltest du mit deinem Pferd um diese Pflanzen machen: Eibe, Goldregen, Maiglöckchen, Buchsbaum, Fingerhut, Gefleckter Schierling, Rhododendron, Kreuzkraut, Narzissen, Kirschlorbeer, Kartoffelgrün, Efeu, Herbstzeitlose, Liguster, Tollkirsche, Eiche und Seidelbast sind nämlich sehr giftig für Pferde. Bei manchen reicht schon eine Handvoll, um zum Tod zu führen.

Lass dein Pferd deshalb niemals unbekannte Blumen fressen oder draußen an irgendwelchen Zweigen knabbern! Auch im Garten wachsen oft viele Giftpflanzen!

Blitzblank sauber –

Ein Pferd sauber zu machen ist keine Kunst? Von wegen! Doch wenn du dabei ein paar Regeln befolgst, geht es viel einfacher und gründlicher ...

1. Den Anfang macht der **Gummistriegel**. In kreisenden Bewegungen massierst du damit den groben Schmutz aus dem Fell. **Wichtig:** Nie gegen den Strich bürsten! Das ist sehr unangenehm für die Pferde.

2. An den Beinen kommt statt des Striegels die **Wurzelbürste** zum Einsatz: In Richtung Huf werden sie sauber gebürstet.

3. Dann ist die weiche **Kardätsche** dran. Damit streichst du in Wuchsrichtung des Fells den feinen Staub aus dem Fell. Um die Kardätsche zwischendurch zu säubern, streifst du sie am Striegel ab, den du in der anderen Hand hältst.

4. Auch der Kopf muss natürlich geputzt werden: Mit dem **Schwamm** säuberst du vorsichtig Augen und Maul, mit der Kardätsche den Rest.

auch ohne Hexerei

5. In Mähne und Schweif verfangen sich gerne Heu- und Strohhalme. Ziehe sie mit den Fingern behutsam heraus – in der Pferdefachsprache wird dies „Verlesen“ genannt. Den Rest erledigen **Kamm** und **Bürste**.

6. Nun fehlen nur noch die Hufe: Nimm jeden Huf einzeln hoch und befreie ihn mit dem **Hufauskratzer** von Schmutz und Steinchen. Dafür ziehst du ihn erst rund um das Eisen und dann vorsichtig (!) den Strahl entlang. Losen Schmutz entfernst du mit einer Bürste. Sauber!

Shetlandponys –

Shettys sind einfach zu süß: große Knopfaugen, wuschelige Mähne und kompakte Größe. Doch unterschätzen darf man die kleinen Vierbeiner nicht!

Steckbrief

Heimat:
Shetlandinseln

Stockmaß:
bis 107 Zentimeter

Farben:
alle Farben, auch Schecken

Eignung:
Kinderreitpferd, Kutschpferd

knuffige Zwerge mit Dickkopf

Die hübschen Ponys stammen ursprünglich von den Shetlandinseln, die nördlich von Schottland im Meer liegen. Dort regnet es oft, und wirklich warm ist es auch nicht. Wer hier lebt, darf **nicht anspruchsvoll** sein und muss ganz schön was aushalten. Und genau das können die Shettys!

Obwohl die Pferde sehr **klein** sind, sind sie unheimlich **stark** und **robust**. Sie begnügen sich mit wenig Futter und sind von Natur aus mit einer **guten Gesundheit** ausgestattet. Deshalb wurden die Zwerge früher in den Bergwerken Großbritanniens als Grubenponys eingesetzt. Die kleinen Pferde passten wunderbar in die niedrigen Stollen und konnten voll beladene Kohlewagen mühelos nach draußen ziehen.

Die wuschelige Mähne ist das Markenzeichen der Shettys.

Heute haben die Süßen zum Glück ein schöneres Leben. Wegen ihrer geringen Größe werden sie nämlich fast überall als **Kinderreitponys** eingesetzt. Sie tragen Reiter bis 35 Kilogramm, und somit startet fast jeder seine Reitkarriere auf einem Shetty. Doch man darf sich von dem treuen Blick nicht täuschen lassen: Shettys sind **kluge Dickköpfe** und versuchen gerne, ihren Willen durchzusetzen. Da muss man als Reiter ganz konsequent dagegenhalten – sonst macht das Pony, was es will!

Auch Wind und Regen machen den Kleinen nichts aus.

Im Winter bekommen die Shettys ein dickes Winterfell, das sie vor Kälte schützt.

Wie heißt was

Viele Körperteile haben bei Pferden spezielle Namen oder sie sitzen ganz woanders, als du vielleicht denkst.

Ohr
Schopf
Stirn
Auge
Nasenrücken
Nüster
Maul
Backe
Ganasche
Genick
Mähne
Mähnenkamm
Schulter
Brust
Ellenbogen
Unterarm
Vorderfuß-wurzelgelenk
Hufkrone
Huf
Stockmaß

Sieh nur mal, wo Pferde das Knie haben!

beim Pferd?

Widerrist
Rücken
Kruppe
Schweifrübe
Die Größe eines Pferdes wird immer vom Boden bis zum Widerrist gemessen. Das ist sein Stockmaß.
Schweif
Oberschenkel
Flanke
Knie
Sprunggelenk
Unterschenkel
Kastanie
Fessel
Ballen

Was will dein Pferd

Pferde können zwar nicht reden, doch sie teilen dir mit ihrer Körpersprache eine Menge mit. Verstehst du dein Pferd? Finde es hier heraus!

1. Du kommst in den Stall. Dein Pferd blickt dir mit gespitzten Ohren entgegen. Was denkt es?

A „Oh, wer kommt denn da?"

B „Ach, ich bin sooo müde!"

C „Du bist aber spät dran!"

2. Beim Putzen stampft dein Pferd mit dem Huf. Was will es dir mitteilen?

A Es kann die Reitstunde kaum erwarten.

B Sein Bein tut weh.

C Irgendetwas passt ihm nicht.

3. Du läufst an einem Pferd vorbei, das die Ohren flach an den Kopf legt und die Augen verdreht. Dieses Pferd ...

A ... ist megaschlecht gelaunt und könnte dich beißen, wenn du dich näherst.

B ... hat Ohrenschmerzen.

C ... vermisst seinen Freund.

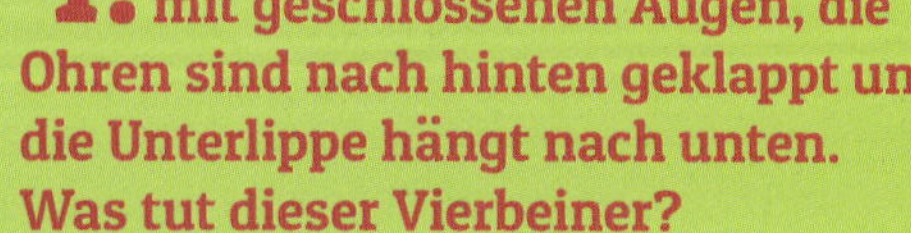

4. Auf der Koppel steht ein Pferd mit geschlossenen Augen, die Ohren sind nach hinten geklappt und die Unterlippe hängt nach unten. Was tut dieser Vierbeiner?

A Die Sonne blendet ihn.

B Er macht ein Nickerchen.

C Er denkt nach.

dir sagen?

5. Zwei Pferde stehen auf der Koppel und knabbern sich gegenseitig am Rücken. Was verrät dir das?

A Die beiden können sich nicht leiden und beißen sich.

B Die Pferde haben Läuse.

C Die beiden sind Freunde.

6. Du machst abends noch einen Besuch im Stall. In einer Box liegt ein Pferd auf der Seite und hat die Augen zu. Was denkst du?

A „Oh nein, das Pferd ist eindeutig krank!“

B „Hilfe, das Tier ist total erschöpft!“

C „Wie süß, es schläft!“

7. Du holst ein Pferd von der Koppel. Ein anderes steht am Zaun und wiehert euch hinterher. Wieso?

A Es hat Angst, es gibt Futter und wurde vergessen.

B Du hast seinen Freund von der Koppel geholt. Es möchte auch mit.

C Es wird Regen geben.

8. Nach dem Reiten reibt dein Pferd seinen Kopf heftig an dir. Warum tut es das?

A Es ist respektlos und benutzt dich als Kratzbaum.

B Es möchte mit dir schmusen.

C Es will das Zaumzeug sauber machen.

Lösung:

1A: Gespitzte Ohren zeigen Neugierde.

2C: Mit dem Stampfen äußert das Pferd Unwillen. Irgendetwas gefällt ihm nicht, vielleicht putzt du gegen den Strich?

3A: Flach am Kopf liegende Ohren und verdrehte Augen sind eine deutliche Drohung. Von einem solchen Pferd hält man sich besser fern.

4B: Pferde machen über den Tag verteilt mehrere Nickerchen im Stehen. Dabei schließen sie die Augen und lassen die Unterlippe hängen, legen sich aber nicht hin.

5C: Wenn zwei Pferde miteinander befreundet sind, zeigen sie sich das, indem sie einander beknabbern. Das ist eine eindeutige Freundschaftsgeste.

6C: Um richtig tief schlafen zu können, müssen auch Pferde sich hinlegen. Wenn das Pferd nicht schwitzt und ganz ruhig im Stroh liegt, schläft es einfach.

7B: Gute Freunde trennen sich nicht gerne. Das gilt auch für Pferde. Deshalb ruft das zurückgelassene Pferd nach seinem Freund: Es möchte auch mitkommen.

8A: Pferde reiben sich nur an rangniedrigeren Tieren. Reibt sich das Pferd an dir, hat es keinen Respekt und benutzt dich als Kratzbaum. In dem Fall schiebst du es am besten deutlich zurück.

10 goldene

Im Umgang mit Pferden gibt es ein paar wichtige Regeln, an die du dich immer halten solltest. Dann läuft deine Freundschaft mit den Vierbeinern problemlos und sicher.

1. Nähere dich einem Pferd nie von hinten!

Warum?

Pferde können fast rundum sehen. Nur was direkt hinter ihrem Hinterteil ist, sehen sie nicht. Daher erschrecken Pferde, wenn unerwartet jemand hinter ihnen steht. Als Fluchttiere denken sie natürlich sofort an ein Raubtier und bekommen Angst. Es kann passieren, dass sie austreten und dich schwer verletzen.

2. Im Sattel nicht schreien!

Warum?

Es gibt immer wieder Situationen, in denen man einen Schreck bekommt, zum Beispiel wenn das Pferd beim Reiten einen unerwarteten Satz macht oder scheut. Wenn du im Sattel dann anfängst zu schreien, erschrickt das Pferd jedoch noch mehr und kann sogar durchgehen.

3. Nie an einer Koppel vorbeigaloppieren!

Warum?

Pferde sind Herdentiere. Galoppieren andere Pferde an ihnen vorbei, kann es sein, dass sie sich anschließen und mitgaloppieren. Dann halten sie auch nicht mehr am Zaun und brechen aus.

4. Reite nie ohne Helm!

Warum?

Gerade Erwachsene, die noch ohne Helm reiten, sieht man oft. Doch jeder vernünftige Mensch weiß es besser! Auch ein guter Reiter kann mal aus dem Sattel rutschen. Dann schützt nur ein Reithelm den Kopf beim Sturz.

5. Gehe sanft mit den Zügeln um!

Warum?

Musst du dich irgendwo festhalten, weil du das Gleichgewicht verlierst, halte dich vorne am Sattel fest. Nie an den Zügeln! Auch beim „Bremsen" und „Lenken" bitte nie an den Zügeln ziehen! Das Pferdemaul ist sehr empfindlich, und du tust dem Tier weh, wenn du zu fest ziehst.

6. Füttere niemals ein fremdes Pferd!

Warum?

Manche Tiere reagieren auf bestimmte Nahrung allergisch und werden krank. Du tust ihnen also nichts Gutes, wenn du ihnen etwas zu fressen gibst.

Pferderegeln

7. Wickle dir nie den Führstrick um die Hand!

Warum?
Wenn das Pferd Panik bekommt und wegrennt, musst du schnell loslassen können. Sonst besteht die Gefahr, dass du mitgeschleift wirst. Halte den Führstrick daher immer locker in der Hand.

8. Beim Putzen nie hinknien!

Warum?
Auch wenn es bequemer ist, sollte man sich neben dem Pferd nie hinknien. Eine falsche Bewegung des Tieres und es wirft dich um. So gerätst du leicht unter die Hufe. Außerdem kannst du nicht schnell genug aufstehen und zur Seite gehen, wenn das Pferd erschrickt.

9. Nimm Rücksicht!

Warum?
Will ein angebundenes Pferd sich nicht streicheln lassen, akzeptiere das. Es wird dich nicht lieber mögen, wenn du es gegen seinen Willen anfasst. Ganz im Gegenteil!

10. Feste Schuhe sind das A und O!

Warum?
Egal, wie heiß es im Sommer ist: Sandalen haben im Stall nichts zu suchen. Auch ein Pony bringt über 100 Kilogramm auf die Waage – und wenn es dir auf den Fuß tritt, ist der Zeh gebrochen!

Das richtige Zubehör

Es ist so weit, deine erste Reitstunde naht. Doch was brauchst du alles zum Reiten?

Reithosen sind aus besonders weichem Material und liegen eng an den Beinen an. Damit man im Sattel einen guten Halt hat und nicht hin und her rutscht, haben Reithosen an der Innenseite der Beine Kunstleder- oder Lederbesatz.

Bei den **Schuhen** stehen Stiefel oder Stiefeletten zur Wahl. Reitstiefel gehen bis unters Knie und geben guten Halt und Stabilität im Sattel. Zu den Stiefeletten zieht man Reitletten an, die auch Chaps genannt werden. Das sind eine Art Stulpen aus Leder oder Kunstleder, die mit einem Reißverschluss eng am Unterschenkel befestigt werden. Auch sie sorgen für festen Halt im Sattel.

Absolut unverzichtbar ist der **Reithelm**. Pferde bewegen sich und machen auch mal einen unerwarteten Hüpfer. Verlierst du dabei das Gleichgewicht, kann nur ein Reithelm deinen Kopf beim Sturz richtig schützen. Deshalb gehört der Helm immer auf den Kopf, bevor du in den Sattel steigst. In guten Reitschulen dürfen Reitschüler gar nicht ohne Helm reiten.

Immer mehr Reiter tragen im Sattel auch eine **Sicherheitsweste**. Das sind spezielle Westen aus gepolstertem Material, die deine Wirbelsäule und deine Rippen schützen, falls du einmal vom Pferd fallen solltest. Sicherheitswesten sind in der Regel im Reitunterricht nicht vorgeschrieben. Ob du trotzdem eine tragen möchtest, musst du mit deinen Eltern entscheiden.

Der Reithelm ist Pflicht.

Reithosen sollten bequem sitzen und nirgends drücken. Statt Stiefeln kann man auch Reitletten tragen.

Dieses Kind ist mit Helm und Sicherheitsweste perfekt ausgerüstet.

für Reiter und Pferd

Du bist versorgt, doch was zieht das Pferd zum Reiten an?

Am Kopf trägt ein Reitpferd das **Zaumzeug mit Trense**. Das ist ein Ledergeschirr mit Stirnriemen, Genickstück, Backen- und Nasenriemen, an dem eine Trense aus Metall befestigt ist, die das Pferd im Maul hat. An ihren Ringen sind die Zügel angebracht.

Auf dem Rücken liegt der **Sattel** aus Leder oder Kunststoff, der mit dem Sattelgurt um den Bauch des Pferdes geschnallt wird. Am Sattel selbst sind die Steigbügel befestigt, in die der Reiter seine Füße stellt. Unter dem Sattel liegt noch die Satteldecke, die das Gewicht gleichmäßig verteilt und Druckstellen verhindert.

Ob klassische Reitweise …

… oder Westernstil: Ohne Sattel und Zaumzeug geht nichts!

Jedes Pferd hat einen eigenen, speziell angepassten Sattel, den man nicht vertauschen darf.

Schau auch mal im Stall ans Schwarze Brett! Viele Reiter verkaufen die Reitsachen preiswert, die sie nicht mehr benötigen. Da gibt's oft tolle Schnäppchen!

Ledersättel sind wesentlich teurer als Sättel aus Kunststoff. Dafür halten sie aber bei der richtigen Pflege jahrzehntelang.

Deutsches Warmblut

Hinter der Rassebezeichnung „Deutsches Warmblut" verstecken sich die besten Sportpferde der Welt. Höchste Zeit, sie besser kennenzulernen!

Steckbrief

Heimat:
Deutschland

Stockmaß:
meist zwischen 160 und 170 Zentimeter

Farben:
je nach Herkunft unterschiedlich, viele Füchse, Braune und Schimmel

Eignung:
tolle Sportpferde, Freizeitpferde

– die Sportskanonen

Alle in Deutschland gezüchteten Warmblutpferde gehören zu den Deutschen Warmblütern wie der **Holsteiner**, **Westfale**, **Baden-Württemberger** oder das **Bayerische Warmblut**. Bei allen handelt es sich um große, sportliche Pferde, die bei **Dressur- und Springturnieren** die Nase weit vorne haben. Es gibt keine Weltmeisterschaft oder Olympiade, bei der die Pferde nicht dabei sind, und nicht wenige haben Medaillen mit nach Hause gebracht.

Aber auch als **Freizeitpferde** sind die Großen sehr beliebt. Sie sind in der Regel freundlich und lernbereit und können sowohl im Springen als auch in der Dressur eingesetzt werden. Um welches Warmblut es sich handelt, erkennt man übrigens am Brandzeichen:

Hannoveraner

Baden-Württemberger

Holsteiner

Bayerisches Warmblut

Groß, schlank, sportlich – die Deutschen Warmblüter sind richtige Sportskanonen.

Selbst hohe Hindernisse sind für die sportlichen Warmblüter kein Problem!

Bei Wettkämpfen sind die Warmblüter immer vorne mit dabei.

Auch in der Dressur sind die Warmblüter nicht zu schlagen.

Reiten an der Longe

Es ist so weit, du darfst endlich in den Sattel! Damit du dich erst einmal auf dich selbst konzentrieren kannst, finden die ersten Reitstunden meist an der Longe statt.

An der Longe hat der Schüler die Hände frei und kann sich am Sattel festhalten.

Alles im Griff

Bei der Longestunde **läuft das Pferd im Kreis** um den Reitlehrer herum. Der **Reitschüler** braucht erst mal nicht „lenken" und **hat die Hände frei**, denn das Tempo und die Richtung bestimmt der Reitlehrer. So kann der Reitschüler sich anfangs ganz **auf** sich selbst und **seine Haltung konzentrieren**.

Auch das Aufsitzen will geübt sein.

Immer schön locker

Um den Reitschüler locker zu machen, werden auch einfache **Gymnastikübungen** durchgeführt: die Fußspitzen mit der Hand berühren, die Arme zur Seite strecken, mit den Armen kreisen, den Oberkörper zur Seite drehen und so weiter …

Spielerisch werden verschiedene Gleichgewichtsübungen gemacht.

der Longe

Immer in Balance bleiben

Das Wichtigste beim Reiten ist das **Gleichgewicht** – und das ist gar nicht so einfach zu halten, wenn sich das Pferd bewegt. An der Longe gewöhnst du dich erst mal an die Bewegungen des Pferdes und **lernst**, dich **auszubalancieren**. So bekommst du ein Gefühl für den **richtigen Sitz**.

Ohne Sattel kannst du dich an der Longe noch besser an die Bewegungen des Pferdes gewöhnen.

Leichttraben oder aussitzen?

Im Trab hat der Reiter zwei Möglichkeiten: im Sattel **sitzen zu bleiben** und zu versuchen, die Bewegung des Pferdes locker mitzumachen, oder das **Leichttraben**. Dabei steht der Reiter im Takt der Pferdeschritte auf, setzt sich hin, steht auf, setzt sich hin … Beides **wird an der Longe geübt**, damit es später gut klappt, wenn der Schüler alleine reitet.

Nur Fliegen ist schöner

Wie so oft kommt das Beste zum Schluss: Sitzt der Reitschüler sicher im Sattel, wird an der Longe auch **galoppiert**. Zuerst mit Festhalten, später freihändig **lernt** der Reitschüler, **anzugaloppieren** und fest im Sattel zu bleiben.

Natürlich wird auch Leichttraben geübt.

Willkommen beim

Wow, wie aufregend! Endlich darfst du selbstständig auf dem Pferd reiten und musst dabei lenken, bremsen und Gas geben.

In der **Abteilungsreitstunde** reiten **mehrere Reitschüler** in der Halle oder auf dem Platz. Der Reitlehrer lässt sie entweder verteilt durch die Bahn reiten oder hintereinander her. Letzteres ist für den Anfänger ein wenig einfacher, weil er „nur" der Gruppe folgen muss. Am Anfang kennt man nämlich meist die **Richtungsangaben** noch nicht, die der Reitlehrer einem zuruft. Sie **heißen Hufschlagfiguren**.

Trotzdem müssen alle Reitschüler ihr **Pferd im Griff haben**. Denn wenn jedes Pferd dorthin rennt, wo es gerade hinwill, bricht sofort das Chaos aus. Jeder Reitschüler muss das Tempo seines Pferdes kontrollieren können, er darf **nicht zu dicht aufreiten**, aber auch keine zu großen Lücken lassen. Besonders gewiefte Schulpferde kürzen auch gerne mal ab, wenn der Reiter nicht aufpasst.

In der Abteilungsstunde wird in **allen Gangarten** geritten, hier brauchst du alles, was du an der Longe gelernt hast. Doch auch neue Dinge kommen hinzu: das **Traben über** am Boden liegende **Stangen**, **Schlangenlinien**, **Volten** und schließlich auch Ausritte ins Gelände. Du siehst, auch in der Gruppenreitstunde wirst du alle Hände voll zu tun haben, bis es perfekt klappt.

In der Gruppenstunde muss man nicht nur auf sich achten, sondern auch die anderen Reiter im Blick haben.

Sind mehrere Pferde in der Reithalle, ruft man „Tür frei", bevor man die Halle betritt oder verlässt. Erst wenn die Antwort „Ist frei" lautet, darf man mit seinem Pferd die Halle betreten oder verlassen.

Auch im Galopp muss man sein Pferd sicher beherrschen.

Abteilungsreiten!

In der Abteilung wird auch über Stangen geritten.

Hufschlagfiguren

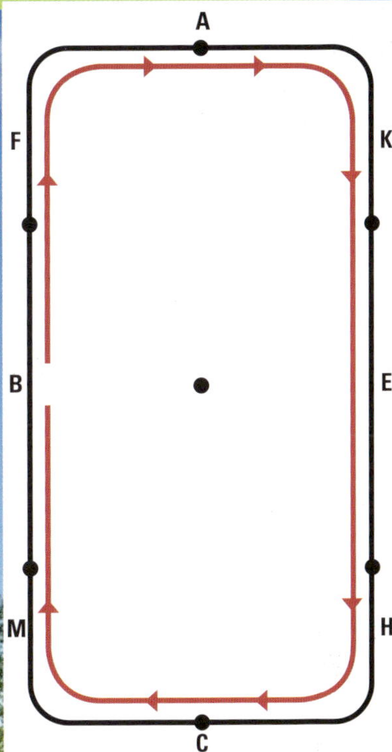

Ganze Bahn: immer an der Bande entlang, bis in die Ecken.

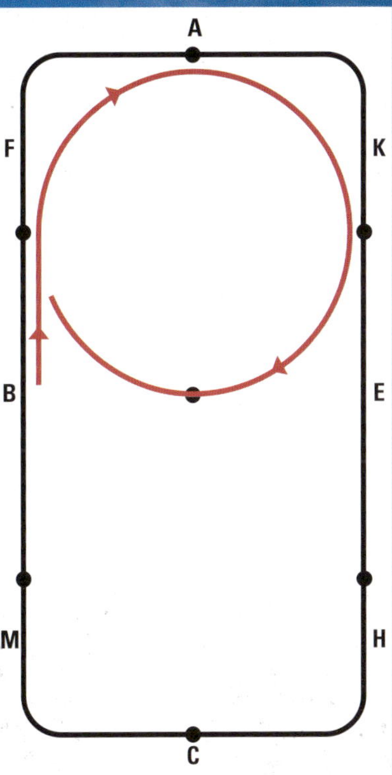

Auf dem Zirkel geritten: immer perfekt im Kreis, nicht in die Ecken.

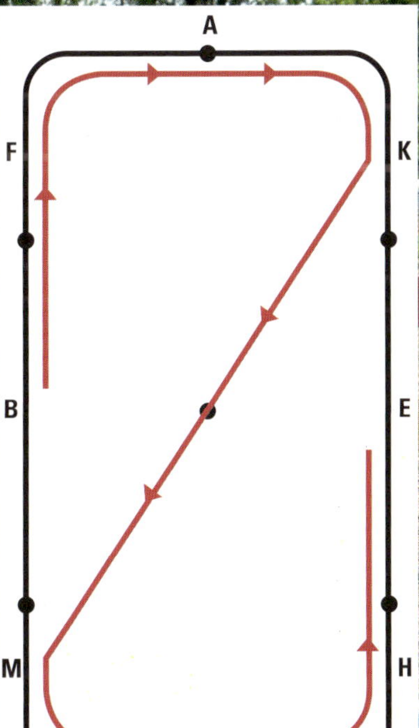

Durch die ganze Bahn wechseln: erst bei **K** abbiegen und diagonal auf **M** zureiten, dabei die Ecken ganz ausreiten.

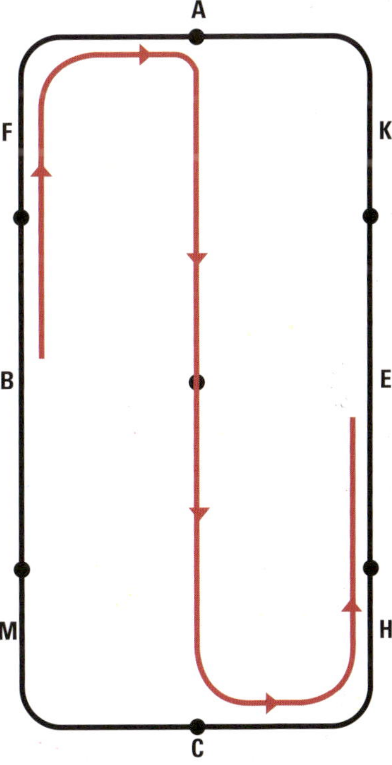

Durch die Länge der Bahn wechseln: Von der Mitte der kurzen Seite reitest du zur Seite gegenüber.

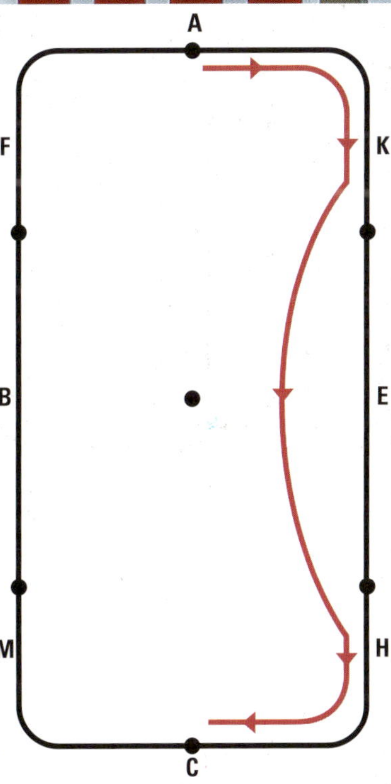

Einfache Schlangenlinie: Du entfernst dich maximal 5 m von der langen Seite.

Voltigieren – Turnen

Eine tolle Sportart ist auch das Voltigieren. Dabei wird auf dem Rücken des Pferdes geturnt. Echt cool!

Was ist Voltigieren?

Ein oder mehrere Personen führen **Turnübungen** und akrobatische Kunststücke auf dem **Pferd** aus, während der Vierbeiner **an der Longe** im Schritt oder Galopp **im Kreis läuft**. Bei Turnieren gibt es Einzel-, Doppel- und Gruppenwettkämpfe.

Egal, ob alleine oder in der Gruppe ...

Als Voltigierer braucht man Gleichgewicht und Talent zum Turnen.

Was wird gemacht?

Bei Turnieren gibt es gewisse **Pflichtübungen**, die alle zeigen müssen, und eine **Kür**, bei der sich die Turner eigene Figuren zu ihrer Musik überlegen können.
Bei den Teams sieht man atemberaubende **Hebefiguren**, bei denen der obere Turner in luftiger Höhe auf den Armen des anderen schwebt und dabei noch Figuren vollführt. Außerdem zeigen die Profis beim Absprung gerne mal einen Salto oder Überschlag. Einfach der Hammer!

Welche Pferde sind geeignet?

Geeignet sind **ruhige Pferde**, die das Turnen auf ihrem Rücken nicht stört. Wichtig ist auch, dass die Tiere einen gleichmäßigen Galopp haben, damit die Turner besser Balance halten können. Meist sieht man **Warmblüter** als Voltigierpferde, im Hobbybereich aber auch Fjordpferde oder Haflinger. Bevor es jedoch aufs richtige Pferd geht, werden neue Figuren erst am Boden oder auf dem Holzpferd geübt.

auf dem Pferderücken

Welches Zubehör braucht man?

Das Pferd trägt einen **Gurt mit Haltegriffen** und **Fußschlaufen**, und auf seinem Rücken liegt ein weiches Pad. Die Voltigierer tragen beim Training Gymnastiksachen, bei Wettkämpfen eng anliegende **Trikots** und **Turnschläppchen**.

Der Voltigiergurt hat mehrere Griffe und Schlaufen, an denen die Voltigierer sich festhalten.

Und mit einem Flickflack wieder runter. Unglaublich!

Was muss man können?

Voltigierer müssen **gute Turner** sein. Deshalb trainieren sie nicht nur auf dem Pferd, sondern auch am Boden. **Gleichgewicht**, **Kraft**, **Beweglichkeit**, ein **gutes Rhythmusgefühl** und Kreativität sind unerlässlich – ebenso wie eine ganze Menge Mut! Und natürlich muss man Pferde mögen.

Ausreiten? ...

Für viele Reiter gibt es nichts Schöneres, als über blühende Wiesen zu reiten und sich dabei das Gefühl von Freiheit um die Nase wehen zu lassen. Mit ein paar Regeln wird jeder Ausritt zu einem echten Vergnügen ...

Sicher ist sicher!

Ein Ausritt ist eine tolle Sache für Pferd und Reiter. Raus aus dem Einerlei der Reithalle und die frische Luft und den Sonnenschein genießen. Doch egal, wie schön das Wetter ist, der **Reithelm** gehört auch außerhalb der Halle immer auf den Kopf. Im Gelände gibt es **viele Geräusche**. Ein bellender Hund oder ein auffliegender Vogel können das Pferd schon mal erschrecken.

Rücksicht nehmen

Leider gehört die Welt nicht den Reitern alleine. Vielerorts trifft man Spaziergänger. Um Ärger zu vermeiden, **galoppiert man nicht an anderen vorbei**. Bei Rinder- und Pferdekoppeln kann das sonst richtig gefährlich werden, denn die Tiere lassen sich gerne von deinem Tempo anstecken und rennen mit. Einmal in Schwung übersehen sie dann auch ihren Zaun. Das kann böse enden!

Galoppieren

Natürlich geht nichts über einen herrlichen Galopp im Freien. Doch nicht jede Strecke ist dafür geeignet: Wiesen mit vielen Mäuselöchern und zugewachsenen Gräben sind die reinsten Stolperfallen für Pferde. Deshalb galoppiert man **nur auf bekannten Strecken**. Die perfekte Galoppstrecke ist **eben**, **man kann weit sehen**, und sie geht im Idealfall **leicht bergauf**. Hier kommt einem nichts in die Quere, und Pferd und Reiter können unbesorgt Gas geben.

Aber sicher!

Zu zweit ist alles schöner

Ein Ausritt zu zweit oder in der Gruppe macht mehr Spaß: Man kann sich unterhalten, und geteilte Freude ist doppelte Freude. Außerdem könnt ihr euch **gegenseitig helfen**, falls mal etwas schiefgeht: Hufeisen verloren, ein Zügel reißt oder das Pferd hat sich vertreten. Daher solltest du **nicht alleine ausreiten**, sondern mindestens zu zweit.

In der Gruppe macht Ausreiten besonders großes Vergnügen.

Wer als Erste bei der Alten Eiche ist, hat gewonnen!

Auf den Wegen bleiben

Viele finden es verführerisch, den Wald abseits der Wege zu erkunden. Förster sehen das allerdings gar nicht gerne, und dem Wald tut es auch nicht gut. Die **Pferdehufe zerstören** die weichen **Böden** und zertrampeln empfindliche Pflanzen. Außerdem **schreckt** ihr **scheue Wildtiere** auf, die sich in den Schutz des Waldes zurückgezogen haben. Also bitte auf den Wegen bleiben!

Auf zum Turnier!

Irgendwann kommt für jeden der große Tag, und das erste Turnier steht vor der Tür. Je nach Können gibt es für jeden Reiter die passende Kategorie.

Bei den ersten Dressurprüfungen wird vor allem der korrekte Sitz im Sattel beurteilt.

Für Einsteiger

Für die Jüngsten bietet der **Führzügelwettbewerb** eine gute Möglichkeit, die Turnierwelt kennenzulernen. Hier werden die Pferde oder Ponys an einem langen Führzügel von einer Begleitperson geführt. Die Turnierrichter lassen sich nun in der Abteilung **Hufschlagfiguren im Schritt und Trab** zeigen.

Die nächste Stufe ist der **kombinierte Reiterwettbewerb**. Auch hier wird in der Abteilung geritten. Die **Gruppe** zeigt **Schritt und Trab**, dann muss jeder **einzeln galoppieren**. Hat das gut geklappt, springen die Reiter einzeln über zwei bis drei in der Bahn stehende oder liegende Hindernisse.

Ein Steilsprung besteht aus waagrecht in die Ständer eingehängten Stangen.

E-Springen

Ab dem E-Springen starten Pferd und Reiter in einem richtigen **Parcours**. Dafür muss der Reiter sein Pferd im Galopp sicher beherrschen und das Springen im Griff haben. Mindestens **sechs Hindernisse** mit einer **Höhe** zwischen **80 Zentimetern** und **einem Meter** warten auf die Teilnehmer.

Turniere für Könner

Bei den „richtigen" Turnieren für Jugendliche und Erwachsene gibt es **verschiedene Schwierigkeitsgrade**: Klasse E (für Einsteiger), Klasse A (für Anfänger), Klasse L („Leicht"), Klasse M („Mittelschwer") und Klasse S („Schwer"). In den Klassen A bis S wird außerdem noch in **Sterneprüfungen** unterteilt.

Galopprennen: Englische Vollblüter unter sich

Auf der Galopprennbahn zählt nur eins: der Schnellste zu sein. Und da macht den **Englischen Vollblütern** keiner Konkurrenz – denn keine andere Pferderasse kann mit ihrem Tempo mithalten. Die **wichtigsten deutschen Rennen** sind das **Deutsche Derby** in Hamburg und der **Große Preis von Baden**.

Die Berufsreiter im Galopprennsport werden Jockeys genannt.

Bastle dir deine eigene Turnierschleife!

Ob als Deko an der Wand oder als Namensschilder bei einer Party – diese Turnierschleifen sind kinderleicht zu machen und sehen einfach super aus!

Du brauchst:

- Muffinförmchen aus Papier
- verschiedene Satinbänder
- bunte Pappe oder Moosgummi
- Schere
- Klebstoff oder Heißklebepistole

So geht's:

1. Drücke das Muffinförmchen platt und klebe hinten und vorne einen Kreis aus Pappe darauf, damit es stabil ist. Du kannst das Muffinförmchen auch nach Belieben bemalen.
2. Lege ein breites Satinband zu einer Schlaufe und klebe es darüber.
3. Schneide dann mehrere kleiner werdende Kreise aus bunter Pappe oder Moosgummi aus und klebe sie übereinander auf.
Nun noch verzieren – und fertig!

Wallende lange Mähne, dichter bodenlanger Schweif, üppiger Fesselbehang und glänzendes samtschwarzes Fell ... Dieses Traumpferd kann nur ein Friese sein!

Steckbrief

Heimat:
Niederlande

Stockmaß:
155 bis 170 Zentimeter

Farben:
nur Rappen

Eignung:
Dressur, Zirkuslektionen, Kutschpferd

Besonderheit:
sehr lange Mähne, üppiger Fesselbehang

ein Traum in Schwarz!

Einen Friesen erkennt man auf den ersten Blick, und kaum jemand kann dem Zauber dieser Rasse widerstehen. Da die **schwarzen Schönheiten** zudem äußerst talentiert in der **Dressur** sind und sogar **Lektionen der Hohen Schule** leicht lernen, gibt es kaum eine **Pferdeshow**, in der sie nicht dabei sind. Kein Wunder, denn ihre Schönheit und ihre eleganten Bewegungen begeistern einfach jeden!

Dabei wurden die imposanten Vierbeiner vor nicht mal 100 Jahren noch als **schwere Arbeitspferde** auf den Bauernhöfen im niederländischen Friesland eingesetzt. Dort zogen sie voll beladene Wagen, pflügten Felder und zogen sonntags die Familie in der Kutsche zur Kirche. Echte Arbeitstiere also! Erst als Maschinen ihnen immer öfter die Arbeit abnahmen, züchtete man die Friesen leichter und eleganter.

Schnell erkannte man, dass die schwarzen Perlen mit der langen Mähne großes Talent als Reitpferde hatten und mit ihrem **außergewöhnlichen Aussehen** die Menschen faszinierten. Und so starteten die Rappen ihren Siegeszug in der Reiterwelt und eroberten Showbühnen, Reiterherzen und Zuschauer.

Pechschwarz und wunderschön: der Friese!

Friesen sind beliebte Showpferde.

Die lange Mähne ist das Markenzeichen der Friesen.

Berufe rund

Viele lieben Pferde so sehr, dass sie ihr Hobby zum Beruf machen. Doch wie wird man eigentlich Tierarzt oder Reitlehrer? Fragen wir doch mal die Profis!

Interview mit Doktor Eichhorn

Wie wird man Tierarzt, Herr Doktor Eichhorn?

Dr. Eichhorn: Man studiert an einer Universität Tiermedizin. Um sich dort anzumelden, braucht man ein gutes Abitur oder einen Beruf im Bereich Tiermedizin mit bestandener Zulassungsprüfung.

Wie lange dauert das Studium?

Dr. Eichhorn: Mindestens elf Semester, also fünfeinhalb Jahre. Viereinhalb Jahre lernt man an der Uni, ein Jahr arbeitet man bei einem Tierarzt, in einem Landwirtschaftsbetrieb oder der Lebensmittelüberwachung. Dann legt man seine Abschlussprüfung ab.

Was braucht man, um ein guter Tierarzt zu sein?

Dr. Eichhorn: Man muss natürlich Tiere mögen! Aber man muss auch bereit sein, am Wochenende oder nachts zu arbeiten. Außerdem darf man nicht zimperlich sein und muss Kraft haben, gerade wenn man große Tiere behandelt.

Manche Tierärzte spezialisieren sich auch auf Pferde.

Was ist für Sie das Schönste an Ihrem Beruf?

Dr. Eichhorn: Dass ich Tieren helfen kann und dass ich morgens nie weiß, was der Tag so bringt.

In einer Tierarztpraxis werden alle kranken Haustiere versorgt.

ums Pferd

Interview mit Holger

Hallo, Holger! Du bist ja der Reitlehrer auf dem Martinshof. Wie wird man denn Reitlehrer?

Holger: Um Reitlehrer zu werden, kann man eine Ausbildung zum Pferdewirt machen. Dabei lernt man drei Jahre lang alles über Pferde: Haltung, Pflege, was sie fressen oder wie man Krankheiten erkennt.

Reitet man dabei auch?

Holger: Ja! Im dritten Jahr muss man sich dann entscheiden, ob man zukünftig in der Pferdezucht, auf einer Rennbahn oder als Reitlehrer arbeiten möchte. Wählt man den Schwerpunkt Reiten, lernt man alles übers Reiten, wie man Reitpferde ausbildet und natürlich auch, wie man Schülern das Reiten beibringt.

Was macht dir an deinem Beruf am meisten Spaß?

Holger: Das Reiten und die Arbeit mit den Reitschülern. Mit ihnen habe ich immer viel Spaß, und es freut mich, wenn ich sehe, wie sie im Sattel immer besser werden.

Und was findest du nicht so gut?

Holger: Der Beruf ist oft sehr anstrengend, etwa wenn ich Heuballen herumschieben oder ausmisten muss. Außerdem bin ich viel im Freien. Im Sommer ist es dort sehr heiß, im Winter eiskalt. Da darf man nicht empfindlich sein.

Wilde Pferde –

Keine Zäune halten sie, keine Menschen reiten sie – die letzten wilden Pferde!

Die einzige noch lebende Wildpferde-Art: Przewalskis in der Mongolei.

Przewalskis – die letzten Wildpferde

Richtige Wildpferde gibt es leider so gut wie keine mehr, denn „**Wildpferd**" **bedeutet**, dass der Mensch **nicht in die Zucht** der Tiere **eingegriffen** hat. Das ist nur noch bei den **Przewalski-Pferden** der Fall. Die hell- bis rotbraunen Pferde mit dem weißen Maul, dem dunklen Aalstrich auf dem Rücken, den dunklen Beinen und dem hellen Bauch **sind** die einzigen Pferde der Welt, die noch **genau so** sind, **wie die Natur sie geschaffen hat**. Zwar war die Rasse in Freiheit schon ausgestorben, doch dank Przewalski-Pferden in Zoos **konnte man wieder** welche in ihrer alten Heimat **aussiedeln**. Die Tiere kamen dort gut zurecht und vermehrten sich, sodass es in den Steppen der Mongolei heute wieder ganze Herden dieser **letzten Wildpferde** gibt.

Die dunkle Stehmähne ist typisch für sie.

Amerikanische Mustangs – der Inbegriff von Freiheit

Wenn man von Wildpferden spricht, denken viele sofort an die Mustangs in Amerika. Und es stimmt, diese Pferde **leben wild und frei**, keiner kümmert sich um sie. Trotzdem sind sie **keine echten Wildpferde**, sondern die verwilderten **Urahnen entlaufener Hauspferderassen**, die europäische Siedler einst nach Amerika brachten. Ihr Leben in Freiheit ist aber gleich: Unter der Führung einer Leitstute und dem Schutz eines Leithengstes ziehen die Herden umher. Sie müssen ihr Futter selbst suchen, den kalten Winter ganz alleine überstehen, und Menschen kennen sie nur aus der Ferne.

Die Freiheit ist ihr Zuhause: amerikanische Mustangs.

Einen Großteil des Tages verbringen wilde Pferde mit der Suche nach Futter.

frei wie der Wind

Die scheuen Brumbies stammen von Reitpferden ab.

Wilde Pferde auf der ganzen Welt

Auch in Australien leben verwilderte Pferde, die **Brumbies**. Wie die Mustangs gehen sie auf entlaufene Hauspferde zurück, die in der Freiheit gut zurechtkamen und nun schon seit vielen Generationen in der Wildnis leben.

Dasselbe gilt für die **Namib-Pferde** in Afrika. Allerdings haben sie sich einen wirklich schwierigen Ort ausgesucht: Sie leben am Rande der Namib-Wüste, wo es sehr heiß ist, wenig zu fressen gibt und Wasser selten ist. Die Tiere müssen sehr ums Überleben kämpfen, und jedes Jahr sterben viele an Hunger oder Durst.

Und auch in Deutschland gibt es Pferde, die ohne menschliche Hilfe leben: die **Dülmener in Westfalen**. Im Merfelder Bruch haben sie ein großes Gelände, wo die falbfarbenen Vierbeiner ganz auf sich alleine gestellt sind. So wie sie dürften auch frühere Wildpferde ausgesehen haben: mausgraue bis braune Falben mit langer Mähne und Aalstrich. Trotzdem gehören die Dülmener nicht zu den Wildpferden, denn ihre Vorfahren wurden vom Menschen gezüchtet und ausgewählt.

Wasser und Futter sind selten für die Namib-Pferde in Afrika.

In einem großen Schutzgebiet leben die Dülmener wie Wildpferde.

Wahr oder falsch?

Es gibt viele Behauptungen über Pferde und das Reiten, die sicher jeder schon mal gehört hat. Doch stimmt das auch immer? Das erfährst du hier!

Behauptung: **Pferde schlafen nur im Stehen.**

Richtig ist, dass Pferde sehr oft **im Stehen dösen**. Mit geschlossenen Augen, schlaffer Unterlippe und hängenden Ohren machen sie so ein Nickerchen. Doch **wenn sie** richtig **tief** und erholsam **schlafen** möchten, müssen sie sich **hinlegen**, genau wie wir Menschen auch.

Behauptung: **Pferde und Esel können zusammen keine Fohlen bekommen.**

Richtig ist, dass Pferde und Esel zwei unterschiedliche Tierarten sind. Doch sie sind nicht so verschieden, dass sie sich nicht **ineinander verlieben** könnten! Es passiert immer wieder, dass ein Pferd und ein Esel ein gemeinsames Fohlen bekommen. Diese **Kreuzungen** nennt man dann **Maultier** oder **Muli**.

Behauptung: **Man muss von links aufsteigen.**

Sicher ist es dir schon aufgefallen: Jeder Reiter steigt von links auf! Doch wieso eigentlich? Fällt das Pferd sonst um? Rutscht der Sattel runter? – Nein! Das Aufsteigen von links stammt noch **aus den Zeiten der Kavallerie**, der reitenden Soldaten. Diese trugen ihren Degen am linken Bein, deshalb konnten sie sich nur von der linken Seite aus in den Sattel schwingen. Von rechts wären sie mit dem Degen hängen geblieben. Es ist also **Tradition**, von links aufzusteigen. Müssen muss man es aber nicht.

Behauptung: **Weiße Hufe sind schlechter als dunkle.**

Der einzige Unterschied zwischen einem weißen und einem braunen Huf ist der: Im braunen Huf sind **Farbpigmente**, im weißen nicht. Und da die Farbe, genau wie beim Fell oder bei unseren Haaren, nichts mit der Qualität des Hufes zu tun hat, ist ein weißer Huf genauso gut, hart und robust wie ein brauner. Man **sieht** lediglich **Druckstellen** oder Blutergüsse am hellen Huf **besser**.

Irrtümer über Pferde

Behauptung: „Ich hab schon Pferde kotzen sehen!“

Mit dieser Redewendung möchte man ausdrücken, dass etwas sehr, sehr unwahrscheinlich ist, aber trotzdem passieren kann. In Wirklichkeit ist es aber so, dass Pferde sich nicht übergeben können: Sie haben am Mageneingang einen sehr **starken Schließmuskel**. Der öffnet sich, um den Nahrungsbrei hineinzulassen, verhindert aber, dass die Nahrung zurück in die Speiseröhre fließt. Der Pferdemagen ist also eine Einbahnstraße.

Behauptung: Pferde wissen selbst, was giftig ist.

Viele Leute denken, Pferde würden keine giftigen Pflanzen fressen. Leider stimmt das nicht! Manche **Giftpflanzen schmecken bitter**, sodass Pferde sie nicht mögen. Doch andere hochgiftige Pflanzen würden die Vierbeiner **genüsslich verspeisen**. Deshalb müssen Pferdebesitzer sehr wachsam sein und kontrollieren, dass keine giftigen Pflanzen in der Nähe der Koppeln wachsen.

Die Eibe sieht lecker aus, ist aber hochgiftig!

Behauptung: Hafer macht die Pferde wild!

Es gibt die schöne Redewendung „Den sticht der Hafer!“ Damit meint man, Hafer mache ein Pferd wild und unberechenbar. Richtig ist, dass Hafer sehr **viel Energie liefert** und Pferde mit viel Energie auch viel Bewegung brauchen. Aber auch jedes andere Kraftfutter gibt viel Energie. Werden Pferde ausreichend bewegt und nicht mit Hafer überfüttert, sind sie nicht wilder als ohne Hafer. Du drehst ja schließlich auch nicht total auf, nur weil du morgens deine Haferflocken gegessen hast, oder?

Behauptung: Esel sind dümmer als Pferde!

Esel sind berühmt für ihre Sturheit. Wenn sie nicht wollen, machen sie keinen Schritt. Doch das tun sie nicht aus Dummheit, im Gegenteil: Esel sind sehr **trittsichere Tiere** und haben ein **gutes Gespür** für den Boden. Wenn sie sich weigern, irgendwo drüberzulaufen, dann nicht, weil sie zu stur sind, sondern weil ihnen der Weg nicht sicher erscheint. Und das ist ja wohl eher **klug** als dumm, oder?